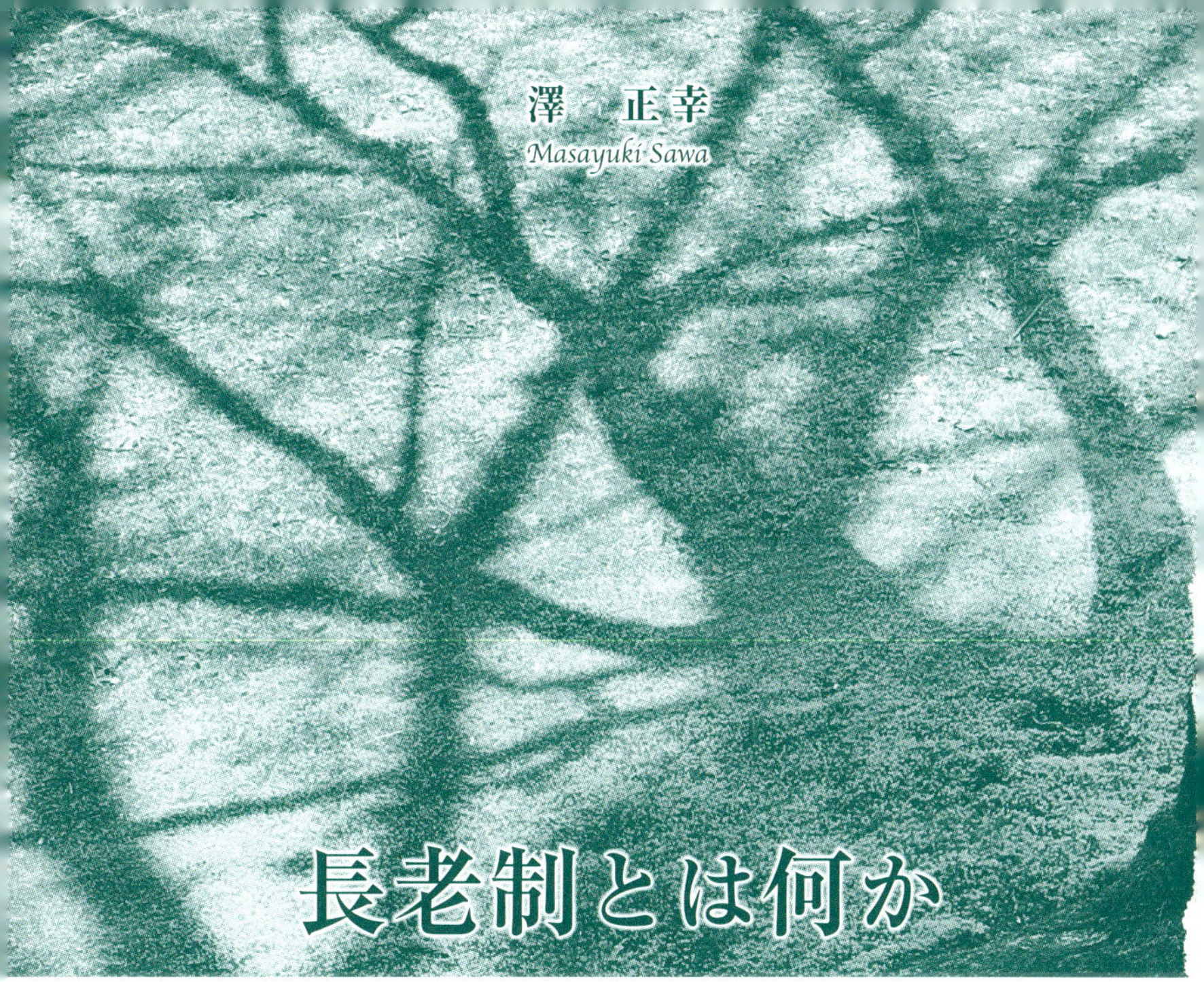

澤　正幸
Masayuki Sawa

長老制とは何か

増補改訂版

一麦出版社

Soli Deo Gloria

目次

序言……九
第一章　「長老制」という呼称……一五
第二章　長老制の聖書的根拠……一九

一　みことばの説教に仕えるつとめ　二〇
二　治めるつとめ　二九
三　仕えるつとめ　三二
四　教会の会議　三三
五　カルヴァンの釈義に対する批判をめぐって　三五

第三章　「霊的統治方式」としての「長老制」……………………三九

一　救いの秩序としてのつとめ　四〇
二　つとめの種類　四六
a　つとめの重要性　四六
b　一時的つとめと永久的つとめ　四八

c　長老＝みことばに仕えるつとめ（宣教長老）と指導するつとめ（治会長老）　五〇
d　執事＝仕えるつとめ・執事は小会のメンバーか　五四
三　つとめへの召しと任職　五六
a　内的召命と外的召命　五七
b　仕え人たる資格と仕え人の選挙　五八
c　選挙の方法・選ぶのはだれか　五九
d　任職の儀式・按手と使徒伝承の問題　六〇

第四章　教会の会議……………………………………六三
一　教会会議の権威　六三
二　各個教会の会議　風紀の監督のための長老の会議　六七
三　各個教会レベル以上の会議　六九

四　全体教会の会議　七二
第五章　長老制の帰結としての教会の国家からの自律　……………　七五
補　章　教会と国家　神の霊的統治と政治的統治　…………　八一
結語　………………………………………………………　九一
註　九五
あとがき　一〇一

装釘　鹿島直也

長老制とは何か

〈増補改訂版〉

序言

長老制は教会についての抽象的理念や理論ではない。歴史の中で、みことばの説教によって集められた教会が形づくる秩序であり、教会がその体において担う生きた歴史的事象である。日本キリスト教会が創立されて数十年の歴史を経た今、日本キリスト教会の内外からこの教会の存在意義が改めて問われねばならない時にあたって、一人の卓越した教会史家の投げかけた問いを聞きのがすことができない。石原謙博士は『日本キリスト教史論』において、日本キリスト教会の教団離脱の意義を次のように述べておられる。

「しかし真の問題は、新日基独立という事件の意味する意義である。新日基は信仰の立場を堅持して節操を守ったというが、実はそうではない。教団内にて長老主義の理想を実現しようという本来の理想を断念放棄し、教団を去ることによって長老主義の政治体制を固守しようとしたに過ぎない。長老主義の保持のためには教会合同の理想を犠牲にするのも止むをえないとするのであり、もしそうとすれば彼らの堅守する長老主義体制の内容と日本のキリスト教におけるその意義とは何かという問題に移り、彼らの責任は重大になって来る」。

日本キリスト教会創立の意義は長老主義の固守に尽きているとする博士の見解に対し、日本キリスト教会の側から異議が唱えられて当然かと思う。しかし、博士がさらに、日本キリスト教会の長老制の内容と認識について、鋭く、

「確かに長老政治に対する正しい理解と実践とが教団全般に弱く貧しいことは疑いないが、新日基派の人にもその点で果たして十分であるかどうか、誇るに足る実績を示しその必然性を説得しうるだけの理由を自覚しているかどうか」。

と問い質されるのに対し、日本キリスト教会は黙ってそれを聞き流すことは許されまい。だが日本キリスト教会は正面から、この問いに対してこれまで答えてきたであろうか。

新日本キリスト教会創立の意味について、また「現状の示すように教団と新日基と互いに対立して別個の教派を形作り、独立した組織と教会態勢とをもち、判然と区別された教会政治と伝道とをおこなわなければならない必然性と十分な理由とがどこに存するかという問題」に対して、博士が論文を書かれた時点では、すなわち、「今日までの僅かに一〇年あまりの成果では、終局的」結論を引き出すには不十分であることを博士は断わったうえで、最後に、

「もし新日基派が長老主義制の意義をよく発揮し、これによって福音の宣教に格段の進境を示しえたとしたら、日本のキリスト教全体のこれによってこうむる恩沢は大きく、その時に新日基派のために心から祝賀の意を表することができるであろう」。

と、日本キリスト教会の将来に寄せる博士の期待を表明された。

博士は世を去られ、日本キリスト教会創立から数十年の歳月を経た。博士が最終的結論を留

保された問いに答えを出すに十分といえるだけの時が経った。

だが、はたして答えは出たと言えるのだろうか。私には、これが最終的結論であったと答えを提示する自信はない。ただ、今日だれが、博士の期待どおりに、日本キリスト教会教会の長老主義教会としての形成によって日本のキリスト教全体が恩沢をこうむるまでになった、と胸を張って言い切ることができようか。そう言い切れないことは、まことに残念なことと言うほかないが、私はその望みを捨てようとは思わない。そう言い切れる日のくることを切望して止まない。今回、「長老制とは何か」を取り上げるのは、その望みのゆえである。

以上が、私がこのテーマを取り上げる動機であるが、次に今回どのようにこのテーマに取り組もうとしたか、その意図を説明したい。

長老制とは何かを問うのに、四つの研究領域が考えられる。一つは宗教改革の歴史的研究から、長老制を歴史的に考察することである。日本においては、出村彰教授の『スイス宗教改革史研究』がその本格的先鞭をつけられたが、この領域の研究は世界的には、まさに日進月歩で、それについてゆくのは容易でない。第二の領域として日本教会史における長老制の継受についての研究がある。この百年来日本のプロテスタント教会において長老制がいかに受容され、挫折の経験を含め、いかなる茨の道を歩んできたか。この領域の研究は、まだほとんど空白に近い状態ではないかと思う。

しかし、私が今回「長老制」というテーマに取り組むのは、今のべた第一、第二の領域においてではなく、長老制の神学を研究するという第三の領域においてである。研究の素材は宗教改革者、特にカルヴァンの聖書註解、『キリスト教綱要』、またカルヴァンの神学の流れにたつ「フランス信仰告白」や「ベルギー信仰告白」の中の長老制に関する項目である。これらのテキストの学びをとおして、長老制についての原理的、基礎的考察をめざそうと思う。あと、長老制の研究に最終的に欠かせないのは、宗教改革期と宗教改革の伝統をくむ諸教会の教会規則の研究である。条文についての註釈書や研究書は数多くある。しかし、今回はこの第四の領域まで手を伸ばせなかった。

四つの研究領域のうち、第三の神学的研究が他の研究領域に対してもちうる意義、ないし効果は、いずれの領域においても「長老制」という言葉や概念が多義的に使用されるのに対し、神学的研究によって、「長老制」に関する何らかの枠づけがなされることにあると思う。この研究が、長老制に関する論議に対し、一定のフレーム・オヴ・レファレンスを提供しえたらというのが、私の願いである。

引用文献は一般には入手困難なものが多いと思われたから、逐一引用の註を付することはせず、章ごとに参考文献として巻末に掲げることにした。

第一章　「長老制」という呼称

一般に「長老制」は、教会政治の一形態として、監督制や会衆制と並び称せられている。確かに歴史上の諸教派は教会政治に関し、これらの三つのタイプのいずれかに属している。たとえば、聖公会、ルーテル教会、メソジスト教会は監督制を、ローマ・カトリック教会も監督制の一形態である教皇制をとり、組合教会やバプテスト教会は会衆制をとる。それに対し、改革派や長老派系統の教会は長老制をとってきた。

このように諸教派の政治形態の分類という見地に立てば、監督制・長老制・会衆制は並立的に考えられよう。そして、教会はその置かれた時代や状況に応じて、これらの政治形態の中から最善のものを選択すればよいといった考えがないわけではない。

しかし、歴史的にみるならば、そもそもこれら三つの政治形態は並立関係にはなかった。長老制は宗教改革において教皇制という形の監督制に対峙するものとして出現したし、会衆制もまた監督制と長老制に対する批判として出発している。

長老制についてさらに詳しくみるならば、長老制というのは、正確にはプレシビテリアル・シノダル・システムとよばれてきた。すなわち、長老職（プレシビテリアル）というつとめを立て、教会の会議（シノダル）をもって教会の政治をおこなうことを原則とする政治形態である。長老制の第一の原則、すなわち長老職というつとめを立てることに関わって、長老職（後述するごとく、長老と監督とはカルヴァン等において同じものと見なされていた）の間の平等という見地から、階層的監督制である教皇制と、長老制は真っ向から衝突したのであり、また長老制の第二の原則、すなわち各個教会が服すべき教会会議の権威を認める点で、それを否定する会衆制とは相容れなかったのである。

教会政治の形態に三種類あり、教会はそれぞれの長短を比較検討し、そのいずれかを選択すればよいとの考えにはそれぞれの歴史的背景を考えたときに無理があることを述べてきたが、長老制の立場に立つとき、それと矛盾をきたす根本的理由は次のことである。

長老職と教会会議による政治という原則は、宗教改革においてルター派の中にその芽ばえが見られたが、それが鮮明に打ち出されるにいたったのはカルヴァンにおいてである。でも、カルヴァンの『キリスト教綱要』や宗教改革の信仰告白の中に、「長老制」という言葉は出てこないし、プレシビテリアル・シノダル・システムといった表現も見当たらない。ではそれはどのようによばれていたかと言えば、「主がみことばにおいて教えられた霊的統治方式」という表現がそれにあたる。

「主がみことばにおいて教えられた霊的統治方式」とは何かがまず問われ、聖書釈義としてそれが明らかにされる。カルヴァンはそれを『キリスト教綱要』において纏まったかたちで論述した。そしてそれが「フランス信仰告白」（第二十九条―三十三条）や「ベルギー信仰告白」（第三十条―三十二条）において確認されて、その信仰告白の線に沿って教会規則が定められ、それによる教会政治の形態が、フランスにおいて、オランダにおいて、さらに発展した形においてスコットランドにおいて展開されていったものが、一般に「長老制」とよばれるにいたったわけである。

長老制は歴史的にまた現在も地域的に形態的にみて多様であるが、基本構造において次のような一致をみているとオランダの教会史と教会法の学者スペイカーは言う。すなわち、長老職と教会会議による教会政治という原則を柱としつつ、①この原則の根拠を聖書に求めること、②各個教会の意義を強調すること、③教会におけるつとめの必然性を認めその機能を重視すること、④教会会議の自明性とその権威を承認すること、⑤教会と国家を分離し、国家からの自由と自律を保つことの五点に共通の特徴をみることが可能だと述べる。

多様性の中にこのような基本的一致をみる長老制であるが、長老制が志向している根源的なもの、長老制の魂とでもよぶべきものは、「主がみことばにおいて教えられた霊的統治方式」という表現によっても示唆されているように、教会の主が御自身の教会に対し定めておられる秩序とは何か、それを問い、主の定められた秩序に教会が服してゆくことである。ここでは人間の側の便宜や判断や選択に先立って、教会の主が教会に対して抱かれる意思が決定的なのである。

「長老制とは何か」を、「ベルギー信仰告白」にならって「主がみことばにおいて教えられた霊的統治方式とは何か」と言い換えつつ、カルヴァンの聖書釈義に向かうことにしよう。

第二章　長老制の聖書的根拠

宗教改革者のブツァーやカルヴァンは、聖書釈義から長老制を引き出したと言われる。そして、それに対してルター派から、聖書を法令集か規則書にする、かの改革派の悪しき律法主義であるとの批判がなされてきた。また改革派の中からもその釈義の妥当性を問う声があがっている。カルヴァンたちの聖書釈義に対する批判の当否は、直接その釈義にあたって判断するほかあるまい。オランダの教義学者ヤン・コープマンスは「カルヴァンの釈義を、ア・プリオリにそれに異議を唱えようなどと思わずに、読み進むならば、彼の釈義がこの点においてもいいかに注意深く聖書に沿おうとしているかに気づくだろう」と書いている。先入観を捨ててカルヴァンの註解書にあたり、その後で先の批判が正しいかどうかの検討にはいろう。

一　みことばの説教に仕えるつとめ

カルヴァンが聖書註解の中で、教会の秩序について詳細に論じている箇所はいくつかあるが、中でもエフェソの信徒への手紙四章一一節から一四節の註解は、最も重要なものの一つであろう。彼は『キリスト教綱要』の中でも教会の秩序を論じる際に、この聖書の箇所をたびたび引用する。しばらく彼の聖書註解を丹念に追ってみたい。そして、註解の一区切りごとに、そこから導き出されるポイントを短く確認しておこうと思う。なおテキストは、T・H・L・パーカー訳によるカルヴァンのエフェソの信徒への手紙註解を用い、翻訳は著者がかなり自由につけた。

エフェソの信徒への手紙四章一一節

そして彼はある者たちを使徒として与え、ある者たちを預言者、ある者たちを伝道者、またある者らを牧師また教師として与えた（パーカー訳からの翻訳）。

この冒頭の「彼」すなわちキリストが、教会に対してこれらの仕え人を「与えた」という言葉を、カルヴァンは次のように註解する。

「教会をみことばの説教によって治めるというのは、人間の思いつきでなく、キリストの定めである」。そして、みことばの説教に仕える使徒や牧師はキリスト御自身が選び、召し、教会に与えられる。「わたしたちの間に福音の仕え人がいるのはキリストの賜物である。仕え人らに必要な賜物が豊かに備えられるのも彼の賜物であり、彼らに委ねられた任務を彼らが遂行するのも彼の賜物である」。

ついでカルヴァンはみことばの説教に仕える五つのつとめ、使徒、伝道者、預言者、牧師、教師それぞれの特色や役割を述べる。使徒はキリストが特別に選び最高の栄誉を与えた者たちであり、十二使徒にパウロがあとから加えられた。使徒の役割は全世界に福音の教理を宣布し、教会をたてキリストの王国を樹立することである。彼らは特定の教会にとどまらず、あらゆる所で福音を説教するよう命じられている。伝道者は使徒に類したつとめであるが使徒より一段低く位置づけられる。使徒パウロに同伴したテモテのような人々をさす。預言者とは使徒言行録にでてくるアガボのような人のことだが、コリントの信徒への手紙一、一四章にある預言も、みことばの説教に関わる限りでその中に含めたい。牧師・教師に関しては、ギリシア語本文で教師の前の冠詞が省かれていることから、古来これら二つを一つのつとめとみる解釈があった。たしかに、牧師は教えることをつとめとするから、牧師と教師は同じものをさすとみられなくもない。しかし、教師と牧師にはそれぞれ固有の役割がある。教師には聖書を解釈する特別な賜物が求められ、将来牧師たる者の教育と全教会の中に健全な教理が保たれるよう監督する責任がある。それに対し牧師は特定の群れを委ねられた者である。牧師は説教できなくてはならないが、教師はたとい説教にむかない器であっても教師たりうる。

カルヴァンは五つのつとめについてこう述べてから、その中で使徒、伝道者、預言者は神が一時的に与えたもので、恒常的に教会に与えられるつとめは牧師と教師の二つであると言う。神は教会から純粋な教理が失われてしまった場合に、特別な措置として使徒に準じた者としての伝道者をおこされることがあるであろう。しかし、通常の教会に関しては、「牧師と教師がいなければ教会は統治されえない」のである。

カルヴァンはここでローマ・カトリックの教皇制に言及する。もしローマ教皇の首位性がキリストの制定によるのであれば、パウロがここでそれにまったくふれないのは赦されざるミスではないか。しかし、実際彼はキリストのみを優位につけて使徒や牧師たちをおしなべてキリストに服する対等な同僚にすぎないと言っているのだから、この聖書の箇所にまさって明確に教皇という地上的かしらを戴く専制的階層性を否定するものはないとカルヴァンは言う。

以上がエフェソの信徒への手紙四章一一節のカルヴァンの註解の要旨である。聖書註解においては簡潔を旨とするカルヴァンにしては、聖句の短さに比して珍しく長い註解になっている。カルヴァンがここで述べたことのポイントは、

①神の意思は教会をみことばの説教によって治めることにある。

②みことばの説教にあたるつとめを立て、またそのつとめを果たす賜物と人間を与えるのはすべて神である。

③聖書はみことばの説教のつとめとして使徒・伝道者・預言者・牧師・教師をあげるが、それらの役割は異なるうえに、前三者は一時的なつとめであるのに対し、牧師・教師は通常のつとめである。

エフェソの信徒への手紙四章一二節

それは聖徒たちをととのえるためであり、奉仕の業のため、すなわちキリストの体をたてあげるためである（パーカー訳からの翻訳）。

「聖徒たちをととのえる」とは、パウロの用いるギリシア語カタルティスモス（καταρτισμός）が調和をとる（ちょうど人体が左右対称でバランスがとれているように）との意味であるから、カルヴァンはその訳語にコンスティテューティオ（constitutio）というラテン語を選ぶ。なぜなら「ラテン語では共和国であれ王国や属州であれ、混乱状態が通常の合法的状態にとって代わられたとき『ととのえられた』（コンスティテューティオされた）というからである」。

ついで「奉仕の業のため」の註解でカルヴァンは、神は人間の手を借りずとも御自ら教会を「ととのえる」ことがおできになるのに、人間の「奉仕の業」を用いて教会を治めようと意思なさる、と言う。

そのあとに続く「キリストの体をたてあげる」は、内容的に「聖徒たちをととのえる」と同じことをさす。そしてキリストの体なる教会をたてあげるというこの上もなく光輝に満ちた尊い業は、人間たちの手により、そのみことばの奉仕をとおして成し遂げられるのである。「キリストの命令によれば、われわれが人によって治められ、教えられることに甘んじつつ、人間の説教に聞くのでないなら」キリストの体として互いに結びあわされ、たてあげられることにならない。人間の奉仕によって教会が治められ秩序づけられるのは、「大いなる者から、小なる者までが服すべき普遍的法則である。教会はすべての信仰者の母であり、王たちも平民たちもこの母から主にあって生まれ、養われ、治められている。それはみことばの奉仕によってである。この秩序を無視し侮る者はキリストよりも賢くあろうとする者である。彼らの思い上がりは禍なるかな。人間の協力なしに神の力のみでも、わたしたちの救いが全うされうることを、わたしたちは否定しない。しかし、ここで問題にしているのは、神の力がなしうる可能性ではなく、神が何を意思され、キリストが何を定めたかである。人間の救いを完成させるのに、人間の業を用いることにより、神は人間に尋常ならざる誉れを付与された。それゆえわたしたちの一致を促進させる最善の方法は、公の説教にあたかも指導者の旗のもとに参集するごとくに集い来たることである」。

一二節のカルヴァンの註解のポイントは、

①神はキリストのからだなる教会を人間の手を借りずに御自身でたて、ととのえ、救いの完成へと導くことが可能であるのに、あえて人間を用い、その奉仕によって救いの業を遂行される。それは人間にとって最高の栄誉である。

②奉仕の業をカルヴァンはみことばの説教の奉仕ととっており、それをなすのは使徒や牧師たちであり、彼らをしてそうせしめるのはキリストである。その奉仕の業によって教会の秩序がととのい、キリストのからだが建設される。

エフェソの信徒への手紙四章一三節

かくしてわれわれすべてが信仰の一致と神の御子の認識における一致にいたり、成人となって、キリストの円熟した年齢の頃合いにいたる（パーカー訳からの翻訳）。

カルヴァンはこの聖句から、教会が人間の奉仕によって治められるという秩序は一時的なものでないことを強調する。「これが必要なのは短い間にすぎないと言う者に対し、パウロは、これは終わりにいたるまで変わらないと言う。つまり、人間の奉仕が用いられることは、われわれがこの世に生きる限り継続するのであって、人が幼年期に学校に通うのが一時的であるようないみで、人間の奉仕も一時的なもので終わるのだなどと考えてはならない」。

カルヴァンは、人間の説教の奉仕による教会の統治というこの秩序を無視する勢力として、当時の熱狂主義者に言及する。神が定めたこの手段を無視し、しかもキリストにおける救いの完成を望むことは狂気の沙汰である。またキリストに導かれた者は人間の奉仕を必要としないと言うのは、夢想にすぎないとカルヴァンは批判する。

一三節についてのカルヴァンの釈義は、
①神が人間を用い、人間の口をとおして語らせたもうみことばによって教会を統治なさるという秩序は、一時的でなく終わりの日まで続くものである。
②この秩序を無視する者は思い上がっている。
の二点に要約できよう。カルヴァンは一四節までを一区切りとしているが、一四節の註解には教会の秩序にふれる部分が殆どないので、以上をもってカルヴァンのエフェソの信徒への手紙註解の紹介を終えることにする。

さてカルヴァンは、エフェソの信徒への手紙四章のこの箇所について、『キリスト教綱要』の中で次のように語っている。

ここでは、この「職務が、ただ御言葉に仕える業であった」と言われているが、「ローマ人への手紙（ローマ一二・七―八）や、コリント人への第一の手紙（Ⅰコリント一二・二八）には、その他に、力ある業、癒しの賜物、異言を解くこと、治めること、貧しい人を世話すること、というような務めが数え上げられている」。でも、「これらのうち一時期だけの務めは、かかずらうだけの意味もないから」ふれないでおく、とカルヴァンは言った上で、「しかし、恒常的に残るものが二つあって、それは『治める務め』と『貧しい人の世話をする務め』である」と述べている（『綱要』Ⅳ・3・8、以下すべて『綱要』からの引用は渡辺信夫訳による）。

この指示にそって、「治めるつとめ」と「貧しい人に配慮するつとめ」に関するカルヴァンの聖書註解に、次にあたってゆこうと思う。

ただそこに移る前に、みことばに仕えるつとめの呼称についてのカルヴァンの釈義をみておこう。

カルヴァンは使徒言行録二〇章とテトスへの手紙一章を根拠に、長老と監督は同じつとめの異なるよび名にすぎないこと、そして、それらのつとめがみことばに仕えるつとめであるゆえに、牧師と同じつとめであると解釈する。

使徒言行録二〇章のエフェソの長老に対するパウロの訣別の説教の一節で、「聖霊は、神が御子の血であがない取られた神の教会を牧させるために、あなたがたをその群れの監督者にお立てになった」（二八節）とあるのを、カルヴァンは、「監督という言葉について、パウロがエフェソの長老たち全員を等しくこの名でよんでいることに注意を払うべきである。聖書の用法に従えば、監督と長老はいかなる点においても違いがないことが、ここから理解される」と註解している。

またテトスへの手紙一章五―七節の註解でも、六節の「長老」が次の七節で「監督」とよばれていることから、両者の違いはないことを述べる。注目すべきは、五節「すべての町に長老たちを立てるため」の註解である。カルヴァンは別段ことわることもなく、「長老」を「牧師」と言い換えて、「教会を霊的にたてあげるのに、教理をのぞけば、牧師たちが教会の統治のために立てられるにまさって優先されるべきことはない」と言う。

以上、カルヴァンは教会に恒常的に与えられるみことばの奉仕のつとめが、聖書では牧師とよばれると同時に、長老また監督とよばれていると解釈しているのをみた。

二　治めるつとめ

ついでカルヴァンが「治めるつとめ」をとりあげて論じている三つの聖書註解の箇所にあたることにしよう。

テモテへの手紙一、五章一七節
良く治めている長老たちは二倍の栄誉に値する、特にみことばと教えにおいて労する長老たちはそうである（スネイル訳からの私訳）。

この箇所からカルヴァンは二種類の長老があることを引き出す。みことばに仕える長老と並んで「教えるつとめをもたないが、威厳に満ちて良く教会を治める者たちがいた。人々は熱心でよく吟味された人々を選び、彼らが牧師たちとともに会議を構成し、教会の権威を帯びて、戒規をおこない風紀を監視したのである。アンブロシウスはこの慣行が怠慢から、否、むしろ権力を一人じめしようとした教師たちの傲りのために廃れてしまったと嘆いている」と述べる。

教えるつとめをもつ長老、すなわち牧師と並ぶ教会を治めることをつとめとする長老について、カルヴァンはさらにローマの信徒への手紙一二章八節の「**治める者は、勤勉に治め**」（マッケンジー訳からの私訳）から次のように述べる。

パウロがここで「治める者」というとき、彼は「教会の統治を託された者たちのことを言っている。彼らは会を取り仕切り、他の会員を治め、戒規を施す長老たちのことである」。パウロの時代にはキリスト教的官憲は存在しなかったのだから、風紀の取り締まりには教会の長老たちがあたったのだ。

最後にコリントの信徒への手紙一、一二章二八節の「**管理者**」についてのカルヴァンの註釈を引こう。

「これらは戒規に責任をもつ長老たちをいみする。初期、教会は人々の生活を正しく保つため長老たちの会議を有していた。パウロはテモテへの手紙一、五章一七節で、二種類の長老に言及している。教会の統治は威厳と経験と権威において他にまさる長老たちによっておこなわれた」。

以上の註解から確認されることは、

①長老というよび名のもとに、みことばの教えに仕える者が奉仕していた。

②それと並んで、もっぱら治めるつとめにあたる長老がいた。カルヴァンはこのつとめを一貫して戒規と結びつける。

③この治めるための長老も、主から立てられたつとめである。

三　仕えるつとめ

次に、カルヴァンが治めるつとめと並んで教会に永久的に残るつとめとよんだ、「仕えるつとめ」についてのカルヴァンの聖書註解を検討してみよう。

ローマの信徒への手紙一二章八節
与える者は惜しむことなく与え、……憐れみを示す者は喜んでそうすべきである（マッケンジー訳からの私訳）。

カルヴァンは「与える者」を自分の持ち物を差し出す者とはとらず、教会の公の財産を配分するよう委託を受けた執事ととる。また「憐れみを示す者」とは、いにしえの教会の慣習に従い、病人の世話をすべく任命されたやもめや他の奉仕者をさすと言う。

執事には、施しを管理するものと、病人や貧しい人の世話にあたるものの二種類があるとの解釈は、テモテへの手紙一、三章八節の「執事」についての註解、またテモテへの手紙一、五章一〇節の「やもめ」についての註解、使徒言行録六章の註解に一貫している。

ここでは次の二点を確認すればたりよう。

①執事には、貧しい人たちのための施しを管理するものと、直接貧しい人や病人の世話にあたるものの二種がある。

②これらは教会の公の職務である。

四　教会の会議

これまで主が教会に対し与え立てられるつとめをめぐり、カルヴァンの釈義をみてきたが、長老制のもう一本の柱である教会の会議に関しても、彼の註解にあたることが必要であろう。

先に長老のつとめについてみたときに、長老たちが牧師とともに会議を構成し、教会の風紀の監視と戒規にあたることが言われていた。これは各個教会レベルの会議にあたる。それ以上の中会や大会にあたる会議に関してはどうなのだろうか。

従来テモテへの手紙一、四章一四節の「あなたの内にある恵みの賜物を軽んじてはなりません。その賜物は、長老たちがあなたに手を置いたとき、預言によって与えられたものです」

（新共同訳、傍点筆者、口語訳では傍点部分は「長老の按手を受けた」となっている）を典拠に、各個教会のレベルだけでなく、その上のレベルでも教会の指導が長老たちの集団に委ねられていたと主張されてきた。すなわち中会（プレシビテリー）や大会（シノド）の聖書的根拠としてこの箇所が引かれたのである。

カルヴァンの註解はこの点について深入りしていない。彼は言う。

「この箇所で長老（プレシビテリー、長老の複数形――筆者註）を長老たちの集団をいみする集合名詞ととる人たちの見解を私は支持する。けれども、事柄に即して判断した場合、もう一つの説明もよく適合すると思う。すなわち、それを一つのつとめの名ととる解釈である」。

つまり、先ほどあげた口語訳の線でカルヴァンはここを受け取ろうとしている。長老の集団（プレシビテリー）による按手でなく、長老のつとめへの按手ととったわけである。

あと、使徒言行録一五章の教会会議に関する註解などに、大会（シノド）レベルの教会会議についての解釈をみることができる。

「ここに、他の方法では解決しえない論争が生じたとき、教会会議（シノド）を開催するに際し、とるべき形と秩序が神から提示されていることを認めよう」とカルヴァンは述べて、そこに集まったのが全教会ではなく、教理について判断しうる者たちが、そのつとめのゆえに集まったと言う。

以上、教会の会議についてのカルヴァンの註解についてふれたが、ここで確認すべきことは、むしろ、カルヴァンが註解においては個別的釈義にとどまって、教会会議一般について論じていないことではないかと思う。

五　カルヴァンの釈義に対する批判をめぐって

カルヴァンが「神の純粋なる言葉に従って我々に伝えられた教会統治の秩序」（『綱要』Ⅳ・4・1）を追求し、釈義にもとづいてその秩序を明らかにしようとしたのをみてきた。このカルヴァンの聖書釈義の上に立って「ベルギー信仰告白」は、第三十三条「教会的つとめによる教会の統治について」の項において、「この真の教会はわれらの主がそのみことばにおいてわれわれに教えられた霊的統治方式によって治められなければならない。すなわち神の言葉を説教し、聖礼典を執行する仕え人たる牧師と、牧師とともに教会の会議を構成する長老と執事がいなければならない。……」と告白し、牧師・長老・執事のつとめを立て、それらが会議を構成して教会を治めてゆくことが、聖書にもとづくと表明している。それゆえこの信仰告白に立つオランダの改革派諸教会は、カルヴァンの聖書釈義に対する批判を真正面から受け止めざるをえない立場におかれる。「ベルギー信仰告白」の講解を著したポールマンは嘆息まじりに、「信仰告白のこの条項が聖書にもとづいているとの立場を守り抜くことは、絶望的な試みであるようにみえる」と述べている。ここでは先に名をあげた、コープマンスとスペイカーの二人のオランダの教理史家の見解を紹介することにする。

コープマンスは、聖書と教会の秩序の関係を次のように論じる。教会秩序を直接聖書によって根拠づけることはできない。第一世紀の教会の機構（そもそもそれを正確に知ることもできっこないというのに！）を二十世紀のわれわれが模倣すればよいというものではない。だが聖書には教会の秩序に関して教会がとるべき道が十分示されており、脇道は断たれている。だから神の命令の外でまったく便宜主義的に秩序を立てることは許されてはいないと言わねばならない。つとめの数を牧師・長老・執事の三つに減らしたのは、カルヴァンの釈義がそうしたというのでなく、すでに教会が世々にわたって前進してゆくことを考えて、つとめの数を絞っていたのであり、カルヴァンの釈義はそれを確認しているにすぎない。こう述べてコープマンスは、先に引いたように「カルヴァンの釈義をア・プリオリに」斥けるのでなく、それを丹念に読めばカルヴァンが聖書に注意深く従っているのを認めざるをえないだろう、とカルヴァンの釈義を支持する。

ついでスペイカーの見解を紹介しよう。カルヴァンの釈義が律法主義的であるとのルター派からの批判に対し、スペイカーはカルヴァンが聖書を形式的かつ律法主義的に読んでいない証拠として、彼が同じく聖書に書いてあるつとめの間に、一時的つとめと永久的つとめの区別を立てることを挙げる。カルヴァンが「聖書」に言及する場合、彼は聖書の文字に形式的に拘泥するのでなく、聖書の内容たる福音に注目している。みことばは聖霊とともに働き、教会はそれによりキリスト御自身の現臨にあずからせられる。カルヴァンが聖書のみことばによって伝えられた秩序と言うとき、彼はこのキリストがみことばと御霊において教会に現臨し、支配されるという秩序をさしている。聖書はこの秩序をこそ証ししており、カルヴァンが聖書釈義において主張したのも、キリスト御自身による教会の支配ということであった。これがスペイカーの見解である。

このスペイカーの見解は、「ベルギー信仰告白」の「主がみことばによって教えられた霊的秩序」の「霊的」という言葉の意味が、みことばと御霊において教会に現臨し教会を支配されるキリスト御自身をさすことと響き合っている。

カルヴァンの釈義を支持する見解を紹介したが、読者にとってはカルヴァンの釈義に対する批判についての紹介が十分でないので、不満が残ったと思う。でも一応、先にあげた二つの批判には答えられたかと思う。すなわち、ルター派からのカルヴァンの釈義に対する批判は、誤解を含むと言わざるをえない。また改革派陣営からの批判というのは、聖書の歴史的釈義に立てば、聖書の時代の職制と古代教会の職制、また宗教改革時代にカルヴァンが聖書から引き出した職制はすべて相異なるゆえに、「聖書的」という場合、必ずしも宗教改革の線に戻れないとの批判（ブラウワー）であるが、カルヴァンが古代や聖書の時代に復帰しようとのロマン主義に立っていたわけではなかったことでもって、その批判に答える。

この節の結びとして、「聖書と教会秩序」という学位論文を書いたオランダのブロンクホルストの言葉を引こう。聖書的教会秩序の本質について彼は言う。

「聖書的な教会秩序とはかかるキリスト〔聖書の証するキリストの意――筆者註〕への拘束、および他の人間的要素からの自由を本質としているのではないか」。

第三章　「霊的統治方式」としての「長老制」

これまでカルヴァンの聖書註解にあたりながら、彼が「神の純粋なる言葉に従って我々に伝えられた教会統治の秩序」（『綱要』Ⅳ・4・1）とはいかなるものと把えていたかを見ようとしてきたが、次に、カルヴァンがそれを纏めた形で論述している『キリスト教綱要』第四篇の検討に移ろう。聖書註解から『綱要』へという順序は、カルヴァンが『綱要』の冒頭、「本書の梗概」で指示した方向、すなわち、『綱要』が「聖書に立ち入る門戸を開く鍵、また窓口のようなもの」であり、「今後、もし主がいくらかの聖書註解書をあらわす力量と機会とを与えたもうならば、わたしはできるだけそれを簡潔に書くであろう。なぜなら、キリスト教に関するほとんどすべての条項がここに詳しく論述されたため、長々と余談にわたる必要がないからである」と言っているように、『綱要』から聖書註解への方向になっているのと正反対を向くことになるという点にも、注意をはらっておく必要があると思う。『綱要』が聖書の教えの要約（スンマ）であるゆえに、聖書から『綱要』へという方向が肯定されるのと同時に、『綱要』から聖書へという方向をもカルヴァンが指示していることを見落としてはなるまい。多少まわりくどい言い方をしたが、それはこれから『綱要』の論述の検討に入ってゆくに際し、先に第二章で記した事柄と重複する内容のくり返しが、しばしばなされるのは、上述したような関係がカルヴァンの聖書註解と『キリスト教綱要』の間にあることの反映なのだということを、一言ことわっておきたかったからである。

一　救いの秩序としてのつとめ

カルヴァンがその中で教会の秩序について論じている『キリスト教綱要』第四篇は、全体の表題として「神が我々をキリストとの交わりに招き入れ、かつそこに留め置かれる外的手段ないし支えについて」との文章をかかげている。そして、カルヴァンは神が人間をキリストとの交わりに招き、そこにとどめおかれる支えとしての教会から論をおこす。

「神はその子たちをこの教会の懐に入れようと欲したもうが、単に彼らが乳飲み子や幼児の間だけ教会の業と務めによって養うのみならず、成人に達しても母としての配慮の下に統治し、遂に信仰の目標に到達させたもうのである」（『綱要』Ⅳ・1・1、傍点筆者）。そして、「御自身が父である者にとって教会は『母』」なのであり、人間の救いにとってこの「母なる教会」が不可欠であることを次のように強調する。「この母の胎にみごもられ、この母から生まれ、その懐で育てられ、その保護と支配のもとに守られて、遂に死すべき体を脱ぎ捨てて天使のようになることに至るのでなければ、命に入る道はないことを学ぶのである。すなわち、我々の弱さは、我々がこの学校から身を引くことを許さず、結局、全生涯これの生徒であることをやめられなくしている」（『綱要』Ⅳ・1・4）。

このように救いが教会にあり、母なる教会のもとでの養いなしには救いの完成にいたることができないとすれば、しかも、「一瞬にしてその民を完成させ得る神が、しかし教会の導きによらないでは彼らを成人の段階に達せしめ」（『綱要』Ⅳ・1・5）ようとなさらないとき、神はそれをいかなる方法において実施されるのだろうか。

カルヴァンは「牧師たちに天上の教理の説教が課され」(『綱要』Ⅳ・1・5)ることによってである、と答える。この秩序はすべての人を拘束する。神は人間を介して教えようとなさる。神は人間を用いないでこのことをなしえたもうのに、人間の奉仕を用い、人間につとめを与えて救いを完成へといたらせたもう。「神は御自身が中に現われて、御自らがこの制度を定めた者である限り、この教え方を通じて現臨したもう」。「教会は、外的説教によらなければ建たず、また聖徒らは一致の内に学びかつ成長しつつ、神によって規定された教会という秩序を尊ぶ絆によらずには保たれない」(『綱要』Ⅳ・1・5)。

纏めると、カルヴァンはここで「秩序」という言葉を多用しているが、その秩序とは神が信仰者を母なる教会のもとで、牧師の説教によってはぐくみ育て、救いの完成にいたらしめるとの救いに関わる秩序である。そして、この秩序の核心に、神が人間に説教のつとめを与え、その奉仕を神が救いの業のために用いられるということがある。

さて、救いのためにみことばの説教が不可欠であり、そのため、「つとめ」が神によって立てられることは、ルター派でも強調されているところである。ルター派の中心教理は、罪人が恵みにより、信仰のみによって義と認められるとの信仰義認の教理であるが、「アウクスブルク信仰告白」は、信仰義認について述べた第四項に続く第五項で、「この信仰が獲得されるために、福音の説教と聖礼典執行のつとめが制定された（institutum est ministerium）。なぜなら、みことばと聖礼典という手段によって聖霊は与えられるのであり、その聖霊が福音を聞く者のうちに、神がよしとされるままに信仰をおこすからである」（訳と傍点、筆者）と告白している。

　信仰義認というルター派にとって立つか倒れるかの根本教理と説教の「つとめ」が、表裏一体の関係にあることがここからみてとれよう。

　ルター派の教会法とカルヴァンの立場を比較考察したプロンプは次のように言う。

> ルターおよびルター派においては、教会において福音が説教され、聖礼典が執行されること、一人が説教し、他が聞くのは神の定め（Gottes Ordnung）である。キリストは教会の王であるが、みことばの王であり、牧師はそのキリストの代理者である。
>
> 従来、ルター派において牧師のつとめを万人祭司の教理から、教会の肢々に分与された個々のつとめからそれが派生し、集中して牧師の説教職となったように説明することがあったが、そのような説明はルター派でも十九世紀にはいってからで、ルターおよび信条の立場はそうで

はない。ルターと「アウクスブルク信仰告白」は、「説教者は教会の群れの代表ではなく、キリストを代表するものである」との一点に集中している。

　ルターはこのように福音と福音の説教のつとめに集中するが、ではだれがそのつとめにつくのか、だれがその人を選任するのか、といった点になると、神が賜物（カリスマ）をある人に与えて説教のつとめを十分果たせるようにするのであり、また、神が教会にふさわしい教師はだれかを吟味し選ぶ賜物を与えてくださるというにとどまる。「アウクスブルク信仰告白」はそれに関してわずかに、「教会の統治に関しては正規に召された者でなければ、教会において公に教えたり聖礼典を執行したりすべきでない」（第十四項「教会の統治について」、訳と傍点、筆者）と定めるのみである。ここで「正規に召される」とは、教会がある人物について、彼が神から賜物を受けたことを確認するという意味であろう。

　ルターは人間の定めとしての教会法を、最小限におさえようとしたと言われる。事実、初期ルター派において、後に改革派の教会で定着する長老職や執事職の萌芽がみられたが、ルターはそれを促進しようとしなかったし、それを教会の制度として定める気はさらさらなかったようである。カトリックの教会法の悪弊を身にしみて経験していたルターにしてみれば、教会法に対し懐疑的また否定的であっても不思議ではない。しかし、その結果いかなる事態がおこったか。神の言葉は語られた――しかし、そこには混乱もない代わりに秩序もない。そして一端混乱が生じると、教会外の世俗的権力の介入によって秩序の回復がはかられるということになった。「みことばが語られさえしたら」とのルターの主張は、あらゆる教会に通じる真理であるが、ルターの臆病なまでの教会法に対する慎重さが、かえって教会における秩序の真空状態を生み、そこを悪しき教会法が占拠するにいたった、とプロンプは結論する。すなわちドイツでは教会は、領主の世俗的権力により、再登場した教会法をとおして統治されるにいたった。

「みことばが正しく語られさえしたら」とのルターの言葉に対応するのが、カルヴァンが死の床において同僚の牧師たちに、自分がジュネーヴにとどまることを決意した頃を回想して語った次の言葉である。「説教はされていた。しかし、それがすべてであって改革はなされていなかった」。

みことばと御霊によってキリストが教会を「霊的統治」のもとにおかれることとは、ルターもカルヴァンも等しく着目するところであったが、神がその「霊的統治」のために立てる人間の「つとめ」に関しては、ルターが信仰義認の教理に集中して、それを狭く説教と聖礼典のつとめに限定するのに対して、カルヴァンは教会の生の全領域に対する神の意思という観点から、

「つとめ」をルターよりも広くとらえたと言えよう。かくしてルター派の初期の教会規則にみられた戒規のための長老についての規定や執事職の規定は、カルヴァン等の改革派の側において実を結んでいったのである。

二　つとめの種類

a　つとめの重要性

神が御自身の教会を統治される「秩序」は、神がみことばによって教会を支配するという秩序である。神はみことばの告知のために「何の補助手段や器官にもよらず、御自身によって、あるいは御使いを用いて為し得たのであるが、人間を通じて為すを良しとされた」(『綱要』Ⅳ・3・1)。その理由は第一に、神が人間を尊び重んじたもうからであり、第二に、人間に謙遜の訓練をほどこされるからであり、第三に、「弟子であることを命じられた人々が一つの口から共通の教えを受けるという絆に結ばせるにまして、相互の愛を育むに相応しい道はない」からである。

かくして「教会の統治に際して神の用いたもう人間の務めが信仰者たちを一つの体に結集させる主要な腱で」あり、これなくしては教会の救いはない。「地上の教会の保持のために使徒的・牧者的職務が必要なのと比べれば、現世の命を養い支える太陽の光と熱、また食物と飲み物さえも必要性は劣る」（『綱要』Ⅳ・3・2）。

人間の奉仕をとおして「救いと永遠の生命の教理」を伝達させるこの制度のうちに、神は御霊の力を差し出し、御自身の現臨を示される。「それ故、我々の論じるこの秩序とこのような種類の統治を、あるいは廃止しようと努力しあるいは余り必要ないものと見る者はみな、教会の散逸、いやむしろ破滅と滅亡を望む者である」（『綱要』Ⅳ・3・2）。

カルヴァンは、神が人間のつとめの用益と必要性を証しされた事例として、使徒言行録のコルネリウスの記事とサウロの回心の箇所を指摘する。いずれも神が直接彼らに語りかけ教えたもうたが、しかもコルネリウスにはペトロをつかわし、サウロにはアナニアの口を通じて救いの教理を聞かせておられる（『綱要』Ⅳ・3・3）。

以上、神が人間の救いのために、人間のつとめと奉仕を用いられる秩序を確認してきたが、これらはあくまでカルヴァン自身ことわっているように、「ただ御言葉に仕える業」（『綱要』Ⅳ・3・8）に限って言われたことであった。それ以外の長老の「治めるつとめ」や執事の

「仕えるつとめ」に関しては、これまで「みことばに仕えるつとめ」について述べられた必要性や重要性の論理があてはまるのだろうか。カルヴァンは『キリスト教綱要』の中でこのことには何らふれていない。

カルヴァンはキリストの三職を論じたが、それによって教会のつとめを基礎づけたり、教会の三つのつとめをキリストの三職と関連づけたりすることをまったくしなかった。牧師・教師のつとめをキリストの預言者職から、長老のつとめをキリストの王職から、執事の仕えるつとめをキリストの祭司職から導き出そうとしたのは、カイパーにはじまるとアメリカの教会法学者、デ・ムーアは言う。

つまり、カルヴァンは教会のつとめについて、統一的理論といったものを構築しておらず、ただ聖書の釈義を根拠にそれらのつとめを並列させるにとどまっていると言うほかない。

b　一時的つとめと永久的つとめ

エフェソの信徒への手紙四章一一節以下のカルヴァンの註解で記されたことが、『キリスト教綱要』第四篇第三章四節から六節に述べられている。多少の重複をいとわずに『綱要』におけるカルヴァンの論述を追ってゆく。

カルヴァンは神がみことばによって教会を統治されるため教会に与えたつとめのうち、使徒職・預言者職・伝道者職を一時的で特別な職務であるとし、教会に永久に定められた制度とは認めない。そのようなつとめとしては、「牧師」と「教師」のみを認める。

カルヴァンは使徒は牧師と、預言者は教師と深く関わると言う。使徒たちは「世界を神に対する背反から真の服従へと立ち返らせ」「派遣されて福音の説教によって至る所に神の支配を打ち建てた」(『綱要』Ⅳ・3・4)のであり、彼らに委ねられたのは福音の説教と聖礼典の執行、および個人的訓戒であったが、牧師は「使徒が全世界にあまねく推進したことを」「それぞれに定められた群れに対して遂行しなければならない」(『綱要』Ⅳ・3・6)。牧師に委ねられている職権は、使徒に委ねられたのと同じものだとカルヴァンは言う。

それに対し預言者はその受けた啓示のたぐいない賜物ゆえに卓越していたが、教師の任務も同一の目的をもつ。すなわち「教師とは戒規にも聖礼典執行にも戒告にも勧告にも携わらず、ただ聖書の解き明かしをして、純粋で健全な教理を信仰者の間で保全する者である」(『綱要』Ⅳ・3・4)。

伝道者のつとめは一時的なものでありつつ、時におこされることもあるのをカルヴァンは認める。彼は宗教改革の時代のルターを使徒に類する伝道者とみなした。

みことばに仕えるつとめの中に、一時的なものと永久的なものとの区別を設けたカルヴァンは、その他のつとめに関しても、ある時代にのみ必要とされたつとめとすべての時代に必要なつとめを区別する。聖書に列挙された種々のつとめのうち、「治めるつとめ」と「貧しい人たちへの配慮のつとめ」だけが、永久に残るものであるとする。

c　長老＝みことばに仕えるつとめ（宣教長老）と指導するつとめ（治会長老）

カルヴァンは二種類の長老を考えている。監督、牧師と同じく、みことばの説教と聖礼典の執行にあたる長老、のちに宣教長老とよばれるようになったものが一つである。

もう一つは、一般信徒の中から選出された長老で監督（牧師）と一緒に、群れの風紀と品行を監督し戒規を実行するものである。これが「治めるつとめ」にあたる長老、治会長老である。

カルヴァンはこの「宣教長老」と「治会長老」、すなわち今日の牧師と長老の関係をどのように考えているのだろうか。

第一に指摘したいのは、カルヴァンが「治会長老」を教会の主が教会に与えた「つとめ」と位置づける点である。宗教改革者のブツァーも長老を立てようとするが、ブツァーは長老を聖書からではなくローマの法制からひいてくる。そして長老はそこでは会衆の代表であって上から立てられたつとめではなかった。つとめとはあくまで教会のかしらキリストの代理また使いであって、会衆の代表ではない。治会長老が主から任じられたつとめを負う者として、群れに向かい合う形でおかれることの意義は重大である。

次に指摘しうることは、カルヴァンがこの二つのつとめを互いに向かい合ったものと把えず、相携えて一つの働きをする関係としてみていたことである。

カルヴァンは戒規を論じる『キリスト教綱要』第四篇第十二章で、牧師と長老の共働関係について次のように述べる。

牧師と長老の職分は、「単に民衆に説教するだけでなく、一般的な教えを与えるだけでは十分進歩がない場合には個々の家々で戒告し激励することを務めとするのだから、このために目を覚ましているべきである。（中略）教えというものは、教える人がキリストのために為すべきことを全員に同時に解き明かすだけでなく、この教えに従順でない者や注意を払わない者にそれを守らせる権限と手段を伴ってこそ、その力と権威を有するものだからである。キリストは、このように戒告されても頑なに拒絶したり、その悪徳を続行して侮りを示す者があれば、証人を立ち合わせた二度目の戒告を経た後、長老たちの合議である教会法廷に召喚させよと命じたもう。その法廷では、公的権威によるやり方によって更に厳重に戒告される。もしその者が教会を尊敬するならば、従順を示すが、もしこれで砕かれずその悪に固執するならば、教会を侮る者として信仰者の共同体からの除外を命じられる」（『綱要』Ⅳ・12・2）。

非常に長い引用になったが、ここに長老制のエッセンスがあると思い、あえて引用した。すなわち、牧師が説教し、長老が牧師とともに訓戒することをとおして、教会はみことばに聴きかつ服従し、また反逆する者が諌められおしとどめられることによって、みことばの支配が貫かれてゆくのである。それは牧師と長老の共働によって、はじめてもたらされるのである。

オランダの教義学者ノールトマンスは、まさにこの点に「長老制」の特質をみていたのである。彼は、概略次のように言う。

教会は公同礼拝と家庭礼拝、公の教理教育と家庭における教理教育を柱として立っているが、治会長老は牧師とともに、公に教えられていることを家ごとに教え、訓戒することにより教会を家庭からたて上げてゆくことをつとめとする〔カルヴァンは家庭を教会の中の教会、小さな教会とよんだ――筆者註〕。このように治会長老は、公同礼拝と家庭礼拝、公の教理教育と家庭の教理教育の間隙を働きの場として、教会員の生活のあらゆる領域に霊的なもの（「ベルギー信仰告白」のいう「霊的統治！」）、教会的なものを与えてゆく。長老職の生み出すこのような囲いの中で、説教はよく牧会を果たしうる。このような長老の働きを欠くならば、教会は城壁を欠いた街、囲いのない菜園となり、牧師の説教はプロパガンダにすぎなくなる。教会がかかる長老のつとめと働きによってたて上げられるようにしたカルヴァンの功績は、世界史的なものであり、公同の教会にとっての意味をもつ。ノールトマンスは、このように治会長老の働きを意義づけてそれを高く評価する。

ただ治会長老のこのような働きは、宣教長老である牧師との共働関係において有効になることを、あらためて確認しておこう。現在の教会の長老制にとって緊急的課題は、まず第一にこの共働関係が築かれることではないだろうか。

牧師と長老の関係についてのカルヴァンの考えについて最後に指摘したいのは、長老に牧師の説教を見張ることを彼は求めないということである。この点でカルヴァンは、ブツァーや十七世紀の改革派の教会規則が長老に牧師の説教を見張ることを求めるのとは立場を異にする。長老の見張るべきは教会の群れであって講壇の説教ではない。これはカルヴァンからの悲しむべき離反であるとノールトマンスは嘆く。

では、説教と教理が教会において正しく保たれるようにするのは、教会においてはだれの責任か。この問題にはこれ以上ふれられず残念であるが、それは各個教会のレベルを超えた、中会・大会の責任に及ばざるをえない思う。この問題は長老制という制度の根幹にかかわる問題であることは確かである。

d　執事＝仕えるつとめ・執事は小会のメンバーか

『キリスト教綱要』第四篇第三章九節でカルヴァンは執事について纏めて論じており、執事についての議論はほぼそれに尽くされているので、そこを参照するようにと聖書註解において二度（Iテモテ三・八と使徒六・三）にわたって述べている。すなわち執事には二種があり、「施し」を管理する執事と「貧しい人や病人の世話に専念する」執事である。牧会書簡の「やもめ」は後者に属する。これらの執事ややもめは教会の公の職務であり、一時的に教会に与えられるつとめではなく、すべての時代において必要とされるつとめである（『綱要』Ⅳ・3・9）。

さて、この執事のつとめが牧師、長老のつとめといかなる関係におかれているのか、この問題が執事は小会のメンバーか否かという形で論じられてきた。

執事が小会の構成員かどうかをめぐっては、宗教改革の信仰告白や教会規則は一貫性を欠いているように見える。「ベルギー信仰告白」は「長老と執事は、牧師とともに教会の会議を構成する」（第三十条）と定めるのに対し、この信仰告白に立っているはずの「ドルトレヒトの教会規則」は、教会の会議の構成員としては牧師と長老のみをあげ執事を入れていない（第三十七条）。このような食い違いがあちこちに散見される。「ベルギー信仰告白」の他、「フランス教会規則」（一五五九年、第二十条）、スコットランドの宗教改革の初期は執事を小会のメンバーに入れており、「ジュネーヴ教会規則」（一五六一年、第二十八条）、スコットランドの宗教改革の後期は執事を除外する。それに対し教会法学者の陣営も、除外に反対するホビウス、ダイク、ナウタ等と、除外を支持するボエチウス、ラトガース、バウマン等にわかれている。それぞれの理由は、前者が牧師、長老、執事の三つのつとめの一致をあげるのに対し、後者は教会を指導するつとめは牧師と長老に与えられていることをあげる。

今日食い違いとみえることを、宗教改革者はそうみていなかったのではないかとポールマンは言う。つまりここには原則上の違いはないと言うのである。たとえばカルヴァンは一五六一年の教会規則で、はっきりと執事職を牧師、教師、長老と並ぶ、教会統治の第四の職務とよぶ一方、同じ規則で執事を教えと生活の監督に関わる小会のメンバーからはずしている。ここでは広義における教会統治と狭義における統治、すなわち治会が区別されていると言えよう。つまり教会に執事のつとめが立てられて、教会において執事の奉仕が遂行されることは、主が教会に定めた秩序であり、主の意思の実行であって、教会が主の統治に服することにほかならない。執事職が立てられ、その業がなされることは、「主がみことばによって教えられた霊的統治方式」としての長老制にとって、欠くことのできない一部分をなしている。それに対し、牧師と長老が教会を治めるのは教会の司法権にあずかることであり、それは狭義における教会の統治である。だから、ここには原則上の混乱はない。ただ一様に教会のかしらキリストから立てられた牧師、長老のつとめと執事のつとめが、つとめと働きを異にしつつ、なお主は同じであることを反映するような関係を実現するのは、実際にはなかなか困難なことであるに違いない。

三　つとめへの召しと任職

カルヴァンは『キリスト教綱要』第四篇第三章の前半で、つとめの重要性と種類を述べたあと、後半の一〇節以下で仕え人の召しと選任について述べる。これからその部分をみてゆくことにする。

a　内的召命と外的召命

つとめは上からのもの、すなわち神が召し神が群れに対して立てたもので、会衆の代表ではないとカルヴァンはみなす。それゆえ仕え人には、「神の前で良心に覚えて会衆を証人としない」（『綱要』Ⅳ・３・11）隠された召しがなくてはならない。

この内的召命が教会の公の秩序に関わる外的召しと一致しない場合もありうる。一つは内的召命をもちつつも、外的召しが直ちには実現しない場合であり、他は内的召命を欠いたままでつとめにつく場合である。カルヴァンは後者について、「良心の疚《やま》しさを抱いて職務に着く人でも、その悪が明らかになっていない限り、教会に対しては正当に召しを受けている」（『綱要』Ⅳ・３・11）ものだと言う。このカルヴァンの言葉を裏づける一つのエピソードをポールマンが紹介している。ジュネーヴを追われストラスブールにいたカルヴァンへ、カルヴァンを慕うジュネーヴの教会員が、カルヴァンの後につとめについた牧師たちに対する批判を書き送ったのに対し、カルヴァンは主が教会に対して立てた器を尊び、その品性をみないで（なぜなら欠点のない者はいないのだから）、主が彼らに語らせたもうみことばの賜物のゆえに受け入れるよう諭したという。

内的召命に外的召しが付随しない場合について、コープマンスは、それはきわめて例外的事態であり、必ずそれが結びつくことを信じてよかろうと言う。

b　仕え人たる資格と仕え人の選挙

カルヴァンは仕え人たる資格として、パウロが牧会書簡で監督たる者の要件としてあげた、健全な教理にかなない、聖なる生活を営み、自らのつとめを否認したり、仕えるつとめに恥を負わせるようないかなる悪徳も知られていないといった諸条件を数える。それらは長老や執事にも同様に適用される。ただし、それらはキリストが派遣にあたって彼らに装備させてくださる賜物なのである。

ゆえに教会は、教会の中で働かせるため主が賜物を与えて備えてくださった器を、「最高の恭しさと注意深さをもって」、「祈りに没頭し、思慮と分別の霊を神に請い求め」（『綱要』Ⅳ・3・12）つつ選ぶのである。これを「ベルギー信仰告白」は「われらは神のことばの奉仕者たち、また長老たち執事たちはそれぞれのつとめに教会の合法的選挙によって、主のみ名をよびつつ、神のことばの教える秩序に従って選ばれるべきであると信じる」（第三十一条、訳と傍点、筆者）と言い表した。

c　選挙の方法・選ぶのはだれか

仕え人の選任の方式には、全会衆による選挙、同労者と長老たちによる選挙、ある一人の権威による任命がありうる。カルヴァンは使徒言行録一四章二三節の「教会ごとに、長老たちを、挙手によって選び出し」（ギリシア語原典ではケイロトネオー χειροτονέω という動詞が使われ、アテネの民会で挙手による選挙がおこなわれるときこの言葉が用いられたというが、新共同訳も口語訳もただ「長老を任命し」と訳している）とあるのを根拠として、「仕え人を立てるための、神の言葉による正しい召しとは、神が相応しいと見たもうた者を、会衆の同意と是認を経て立てることである。更に、群集が軽率に、あるいは悪しき熱心に駆られて、あるいは騒乱の内に事を行わないように、他の牧師たちが選挙を管理しなければならない」（『綱要』Ⅳ・3・15）と主張する。これはキプリアヌスの言葉によっても支持されるからだと言う。

宗教改革の教会は、他の牧師たちの管理のもとに会衆が選ぶとの、カルヴァンがここにかかげる原則のもとに、具体的には多様な方法で選挙をおこなったようである。

小会が提案し会衆が承認する（「フランス教会規則」、エムデン教会会議の決定）、小会が二倍の候補をあげ会衆が選ぶ（フランス亡命者教会、南オランダの教会）、逆に会衆が候補をリストアップしてその中から小会が選ぶ（ロンドンのオランダ亡命者教会）等である。

しかし、ここで最も大切な原則は、教会の選挙が教会外の勢力、国家や官憲の世俗的支配から独立して自由になされることであるのは言うまでもない。

d　任職の儀式・按手と使徒伝承の問題

カルヴァンはつとめについての『キリスト教綱要』第四篇第三章の論述をこの問題で閉じる。

使徒たちがだれかをつとめに任じたとき、その者の上に「手を置く」ことをしたが、「手を置くこと」の聖書的意味から判断して、「務めに就く者らを神に捧げることをこれによって言い表したのである。（中略）いずれにせよ、誰かを教会的職務に召す時は、常にこの厳粛な儀式が行なわれた」（『綱要』Ⅳ・3・16）とカルヴァンは述べて、「このような象徴によって務めの尊厳が民衆に対して尊きものと示され、同時に、任職を受ける者にも、自分はもはや己の権限に属せず神と教会の僕として捧げられているのだ、と警告されるのは有用なことである」と、この儀式のむなしいものではないことを強調する。

この按手の儀式は、使徒伝承の問題との関連で従来論じられてきたが、カルヴァンはここではその問題にふれていない。ただこの問題についてのカルヴァンの立場を、ポールマンは次のように説明する。

教皇が使徒職を継承するとの論理は、使徒が一回的なものゆえ、一回的なものの継承ということ自体が論理的に破綻をきたしている。また使徒から監督たちへ継承されたものは、パウロからテモテ・テトスへと継承されたのが教理であったように、「教理」であっても「つとめ」ではなかった。按手にはそれゆえ「つとめ」を継承させるとの要素は含んでいないのである。

第四章　教会の会議

これまで長老制の第一の原則である「つとめ」（プレシビテリアル）について論じてきたが、次に第二の柱である「会議」（シノダル）をとりあげよう。

いわゆる長老制における教会会議といえば、小会・中会・大会（韓国では堂会・老会・総会）といった段階的会議制度が思い浮かべられる。このような段階的教会会議の制度について論じる際に、予備的に考察すべきことが少なくとも二つある。

第一は歴史的経緯に関することである。宗教改革がジュネーヴやストラスブールのような都市単位の改革から一定の領域にわたる改革（フランス、オランダ、スコットランド全体）に及んでいったとき、各個教会の単位を越えた教会会議としての中会や大会が組織されていった。その歴史的経緯についての詳しい知識が、この制度の理解のためには不可欠である。

第二は原理的問題で、「つとめ」と「会議」との関係に関わる。この関係をどう理解するかによって各個教会と中会や大会の関係についての理解が変わってくる。「つとめ」と「会議」の関係についての理解は、大ざっぱにいって二つある。一つは中・大会といった上級会議を、もっぱらつとめをもつ者の会議と考える考えかたであり、もう一つは各教会から権限を委ねられた者の会議が中・大会だという考えである。

後者においては、教会の権限は各個教会にあって、中・大会が扱いうる事柄は限定され、権能は下に行くほど広く重く、上に行けば行くほど狭く限定され軽くなる。

この問題をめぐっては長い論争の歴史があった。

長老制の教会会議に関する歴史的研究と原理上の考察に、これ以上立ち入ることは準備がないのでできないが、ここでは再度カルヴァンに戻って、後世さまざまな形において発展をみた長老制の会議制が、カルヴァンのいかなる考えを出発点としたか、その原点をたずねることにしたい。

カルヴァンの『キリスト教綱要』には小会・中会・大会といった言葉や、先ほど述べたような政治制度についての記述を見出すことはできないが、その萌芽というべき考えや表現が所々に見られる。それらを拾いつつカルヴァンの「教会会議」についての考えを明らかにしよう。誤解のないようことわっておくが、カルヴァンは『綱要』第四篇第九章で、「教会会議とその権能」について取り上げてはいる。けれどもそこでは、いわゆる長老制の段階的教会会議の制度的考察にはまったくふれられていない。

ただ教会会議についての彼の考えの原点は、そこに示されているので、まずそこから出発しよう。

一　教会会議の権威

カルヴァンは、教会会議の権威を盾にとるローマ教会に対し、教会会議の真の権威とは何かを問う。教皇や司教たちが、神のみことばへの服従をもしりぞけて、ほしいままに共謀し決定したことは、自動的に「聖霊によって支配された」会議の決定として権威を有するのだろうか。カルヴァンは、ただ一つ記憶すべき例をあげて反論する。エルサレムで大祭司が議長席につき、祭司職にある者が全部出席した、正式の会議において、キリストは断罪され、彼の教理は棄却された。

教会における権威の源泉はただキリストのみであり、キリストから何ひとつ引き去ってはならない。「ここには全ての教会会議が主宰され、その尊厳を人間と共有したまわぬキリストの正当な権利がある。しかし、主宰したもうというのは、御言葉と御霊によって全ての会議が統率される限りにおいてである」（『綱要』Ⅳ・9・1）。

カルヴァンは、キリスト御自身による教会会議の指導に関する聖書的根拠として、「ふたり、または三人が、わたしの名において集まるところ、その中にわたしはいる」（マタイ一八・二〇）を引く。

それゆえ、カルヴァンによれば、教会の会議の決定が権威をもつ条件は、その会議がキリストの名によって集められ、キリストがその会議のただ中にいまして、決議が聖書の規範にそってなされることである。

先に、教会会議とつとめの関係の理解に関して、各個教会と中・大会の関係について二つの考え方があることを紹介したが、しかし、両者に共通するのは、教会会議の権威がカルヴァンの示す、「みことばと御霊における」キリストの権威とその指導にあることを認める点である。各個教会の権限を重視する立場をとっていても、中会の決議を信頼と信仰的一致をもって受け入れる点で、会衆制とは原理的に立場を異にしているのである。

カルヴァンは、この教会会議に関する原則は、世界教会会議から各個教会の会議にいたるまで、すべての教会会議に適用されるという。

二　各個教会の会議　風紀の監督のための長老の会議

カルヴァンは長老のつとめを論じた際に、長老たちの会議にふれて、「教会は初めの日から敬虔で、尊敬厚く、また聖なる人たちから成る元老院を持っていて、我々が後で語るような悪徳矯正の司法権がここにあった」(『綱要』Ⅳ・3・8)と述べたが、『キリスト教綱要』第四篇第十一章にいたり、教会の司法権を論ずる段になって次のように書く。

「司法権という機能は、要するに霊的統治体制の維持のために整えられた秩序に他ならない。この目的で教会には初めの時から風儀の吟味を行ない、悪徳を咎め、そして鍵の務めを遂行する法廷が設けられていた」（『綱要』Ⅳ・11・1）と、長老たちの会議がいわゆる「鍵」のつとめを行使することを述べている。

そもそもこの長老の会議による教会の統治という形態は、ユダヤ人の会堂にあった権限がキリスト者の群れに移されたもので、アンブロシウスの言うように、「旧約時代の会堂にもそれに続く教会にも長老たちがおり、彼らの合議を経てでなければ何事もなされなかった」のに、それが後に衰退し今やその「痕跡すらない」までになったとカルヴァンは言う（『綱要』Ⅳ・11・6）。

ここで気づかされるのはカルヴァンにおいて、各個教会の会議とはもっぱら治める務め、すなわち司法権をつかさどる牧師と長老の会議のことを意味しており、「フランス教会規則」や、「ベルギー信仰告白」が牧師、長老とともに執事が加わって構成するとした教会会議についての言及がないことである。先に論じたように、カルヴァンにはこの点で論理的混乱はみられないが、執事を加えた教会会議が実際にいかに機能するかには、カルヴァンは『キリスト教綱要』ではまったくふれていない。

三　各個教会レベル以上の会議

今日、中会はプレスビテリーとよばれるが、『キリスト教綱要』の中に中会と訳しうるプレスビテリウム（presbyterium）という言葉が『綱要』第四篇第三章十六節にでてくる。これは先にとりあげたテモテへの手紙一、四章一四節に「長老の按手」とあるのが、長老会（今日の中会にあたる）による按手か、長老職への按手かで議論のわかれるところであるときに、カルヴァンは後者をとることが『綱要』でも言われている箇所である。カルヴァンは各個教会においては長老の会議を考えていた。では、今日の中会にあたるレベルでの教会会議について、カルヴァンはどう考えていたのだろうか。言葉の上で直接の手がかりは今述べたようにない。けれども考え方の上で今日の中会につながる萌芽がいくつかある。それをみてゆこう。

第一に、各個教会の長老の会議は司法機関と考えられていたわけであるが、その再審のための上級会議をカルヴァンが考えていることである。カルヴァンは教会の中にヒエラルキーがもちこまれることは警戒しなければならないと断わりつつも、「少数の者では処理できないことが教会内に起こった時、管区会議に掛けるためであった。問題の重大さや困難さの故に、もっと大きい会議で議論することが必要な時は、総大司教が会議と一緒になってこれに関与したのであって、これ以上は世界的公会議に上訴する他なかった」（『綱要』Ⅳ・4・4）と古代教会の制度を引きつつ、それが神の言葉にかなう教会統治の形であると支持を表明している。

第二は、牧師の選挙にあたって、他の牧師たちがそれを管理するとの考えに今日の中会の考えの萌しをみる。

また牧師の召しに関連して、カルヴァンは次のように言っている。牧師はひとつの教会の統治と牧会に神の召しによって従事させられているゆえに、「自分で移動することを考えたり、自分の都合を考えて解任を求めてはならない。更に、他に移ることが有益であるとしても、私的な顧慮によって試みるのでなく、教会の公的権威を待つべきである」（『綱要』Ⅳ・3・7）。カルヴァンがこの「教会の公的権威」を担う機関を、具体的に何であると考えていたかはわからないが、それは今日中会によって担われているものである。

牧師の選挙に限らず、他の牧師たちが他の教会を援助することを想定している。「紛糾が起こってそこに立ち会う必要がある場合や、不分明な事柄について助言が求められた」（『綱要』Ⅳ・3・7）場合がある。

ノールトマンスは、シノド（教会会議）の意義は元来他の牧師を助け手としてよぶことであり、会衆の拡張であったと述べるが、興味深い指摘だと思う。ただその協力が実現するためには、牧師間、教会間に教理＝信仰告白における一致が存在することが、必須の前提条件であろう。

最後にカルヴァンが監督についてどう考えていたかに短くふれよう。長老制は監督を容認しうるか否かが、これまでも論議されてきたし、一九八二年のリマ文書が監督制の再考を促すに及んで、論議に拍車がかかったようである。

長老制は教会会議において教会の一致を体現するが、会議よりももっとはっきりとそれを体現する存在としての司教ないしは監督が望ましくはないのか。また牧師たちの牧師として、中・大会に監督がいることを若く未経験な牧師は欲しているのではないか。実際上の要請からも、かかる声は無視できない面をもっている。

カルヴァンは先に述べたように、聖書においては監督は牧師と同じ教職で階層的序列はないという見解に立つ。ただ古代教会の制度に関連して、「同格であるところから起こるのを常とする不一致が生じないよう」（『綱要』Ⅳ・4・2）に、長老たちが仲間のうちからひとりを選んで「監督」という称号を与えるようになったことを指摘する。ただし、あくまで監督は他の長老と同格の兄弟であり、威厳において他の人々に先んじていたのだと言う。

スペイカーはこの精神、すなわち対等の者たちの間の第一人者（primus inter pares）という考え方にもとづいて、牧師は長老、執事とともに構成する会議において議長を務めているのであると指摘している。

四　全体教会の会議

『キリスト教綱要』第四篇の第九章と第十章において、カルヴァンは教会会議の権能として次の三つをあげる。信仰の教理を決定する権能、聖書を解釈する権能、そして教会の法を制定する権能である。

これらの権能を行使する教会会議としてカルヴァンは、具体的にどのような教会会議を思い浮かべているのだろうか。古代教会の教会会議がそこに含まれているのは間違いない。しかし、カルヴァンが生きていた時代、彼が直面しなければならなかったのは、ローマ教会の教会会議であった。それゆえ第九章におけるカルヴァンの論調は批判的なものとなっている。教会会議の権威をもちあげるのでなく、その限界性を鋭くつく。だが他方、カルヴァンは教会会議の権威を否定する勢力によって囲まれていたゆえに、教会会議の決定が有効であり有益であることをも、同時に強調しなければならなかった。

カルヴァンは教理の決定に際しても、聖書の解釈においても、聖書を最終的計り縄とし、神のことばの規範に則して検討し判断するよう主張する。そして、常に、教会の会議の決定に対する再審と再検討の余地を残しておく。これはローマ教会が再審を拒否し、教会の下した決定を絶対化することに対する批判である。

同時に注意すべきは、カルヴァンが古代教会の会議が混乱や不純な要素を含んでいたことを認めつつも、その決定が「聖書の純粋な本来のままの意味を伝える解釈の他何も含んで」いないことを理由に、「進んで受け入れ、神聖なものとして敬う」（『綱要』Ⅳ・9・8）と語る点である。彼が教会会議の決定とその権威に喜んで服する面をも見失ってなるまい。

第五章　長老制の帰結としての教会の国家からの自律

スペイカーは、長老制が歴史的、地域的に多様性を示しつつも、基本的構造において一致していることを指摘し、五つの共通的特徴をあげたが、その最後としてあげたのが「教会と国家の関係における国家からの自由」であった。

スペイカーは、長老制のその特徴を宗教改革の他の二つの流れ、すなわちルター派とツヴィングリの流れと対比することによって浮かびあがらせる。

ルター派における教会と国家の関係は、ルターが農民戦争の際に領主を緊急的措置として教会の監督として招いたように、領主が教会の統治や組織に大きな影響力を有するという関係であった。これがあの有名な「領主の宗教が領邦に住む者の宗教である」とする領邦教会の体制である。領主の権限が際限なく教会に及んだわけではなく、国家と教会との間には二王国説にもとづく領域の限界づけがなされてはいた。すなわち国家は神の左手の支配として、公共生活における律法の守護者であり、教会は神の右手の支配として福音を宣べ伝える。あとで長老制において見るような、教会が政治的支配者に向かって神のことばを語るという側面は、ここでは必ずしも明確でない。

さてツヴィングリの流れでは、教会が即国家とみなされる、ないしはキリスト教化された国家が理想となる。この考え方はそれを支持したハイデルベルクの医師エラストスの名をとって、エラストス主義として後世よばれるようになり、オランダのドルトレヒト会議におけるレモンストラント派（アルミニアン派）、またウェストミンスター神学者会議において長老派や独立派の論争の相手となった。

エラストス主義の立場は戒規や時には教理の決定も、キリスト教的官憲の手に委ねるべきだというものである。教会が戒規の権能を自ら行使することは、国家に属する権限の簒奪である。一つのキリスト教的共同体の中に教会と国家の二つの権威が並び立つことになり、ひいてはそれは牧師たちを教皇に代わってその座にすえる教皇制の復原につながる危険をはらんでいる、とする。

カルヴァンが教会の自律のため、ジュネーヴで生涯どれほど渾身の力をかけてたたかったか、またその弟子たち末裔たちがハイデルベルクで、オランダで、スコットランドでその同じたたかいをたたかい抜いたかは、まことにその歴史を読む者を感動させずにはおかない。

教会が国家から自律し、自由を獲得してゆく必然性はどこにあるのだろうか。そのことについてのカルヴァンの声に、最後に耳を傾けてこの論考を閉じよう。

教会が国家から自律する根拠は、神から教会に授けられたつとめが、国家に与えられたつとめとは異なった、独自のものだからである。神は教会に「罪の赦し」の恵みの福音を委ねられた。この「罪の赦しの福音」によって、神との和解を与えられることは、信仰者にとって生涯にわたって必要なことである。「そういうわけで、我々に罪の赦しが絶えず与えられるのは、聖徒の交わりの中で、他ならぬ教会の職務を通じて、すなわち、この職務を委ねられた長老あるいは監督が敬虔な者の良心を福音的約束によって罪の赦しの約束に固く立たせ、そのことを必要に応じて公的にも個人的にも遂行する時である。個人的といったのは、弱さの故に個別的な慰めを必要とする多くの人がいるからである。パウロも、共通の説教のみでなく、家々においてもキリストを信じる信仰を証しして、各人に個別的に救いの教理を告げ知らせたことを思い起こしている」(『綱要』Ⅳ・1・22、傍点筆者)。

これに続けてカルヴァンは三つのことに注意を払うよう求める。第一はどれほど聖なる者でも、神の前には罪の赦しなしでは立てないこと、第二に、罪の赦しの恵みは教会に固有であること、第三に、この恵みが教会のつとめ、すなわち仕え人の福音の説教と聖礼典の執行をとおして配分され、ここに「鍵の権能」が存すると言う。

「鍵の権能」とは、端的に罪の赦しの福音の説教にほかならないのであるが、それは悔い改めない者に対してはマタイによる福音書一八章一八節による個人的訓戒と戒告、さらには聖餐の停止という戒規を含む。

この鍵のつとめを担うために、また牧師が公に語ったことを個々に訓戒するために、カルヴァンによれば、治会と指導をつとめとする長老たちが立てられているのである(『綱要』Ⅳ・11・1)。

その考えに対しては、「牧師たちは、明白な破廉恥行為を叱責することをやめ、非難し、告発し、叫びよばわることをやめ」よ、なぜなら、法律と剣によって懲罰をおこなうべきキリスト教的官憲がいるではないかとの批判が、ツヴィングリの後継者ブリンガーからなされた。

しかし、カルヴァンのめざすもの、長老制が最終的に志向するものが何かはすでに明らかであろう。長老の会議がもつ司法権は霊的なものであり、永遠の救いに向けての矯正であって、剣の権、国家のもつ地上的司法権からは区別され分離されるべき性格のものなのである。

政教分離は十九世紀以来の、ニュートラルな国家観からのみ導き出されてきた議論ではない。宗教改革の教会は、教会が王と民に福音を妨げられることなく語り、聞き、それに聴従して生きる自由な空間を国家に要求してきたのである。わたしたちは今日どのような相手に向かって、このたたかいをなしてゆくべきなのだろうか。

補章　教会と国家　神の霊的統治と政治的統治

長老制は、神の霊的統治に関する制度である。『長老制とは何か』の改訂版刊行にあたって、神の霊的統治と政治的統治の関係、教会と国家の問題について一章を書き加えたいと思う。

「ベルギー信仰告白」はその第三十条において「このまことの教会は、神が御自身の言葉によって教えられたあの霊的な政治制度によって支配されるべきである、とわれわれは信じる」と、霊的政治制度、霊的統治についてのべるとともに、第三十六条において、「この慈愛に富んでおられるわれわれの神は、人類の堕落のために、王や領主や官憲を置き、そして、この世界が法と確かな政治によって統治され、人間の混乱が阻止され、人々の間ですべてが正しい秩序に従って行われることを願われた、とわれわれは信じる」とのべて、政治的統治、国家秩序についてのべている。

この「ベルギー信仰告白」の第三十条と第三十六条、霊的統治と政治的統治の間には密接な類比（analogy）がある。

霊的統治である長老制についてみれば、教会のかしらであるキリストのもとに、その支配がおこなわれるために「つとめ」が立てられ、そのつとめをとおして教会が統治される。これが、教会が constitutio（二四頁参照）されるということだった。神はみことばの説教者をもちいて、みことばを語るつとめを遂行させて、聞く者たちがそのみことばに聞き従うことによって教会を治められる。長老職についても、長老の務めをとおして、教会が主に服従するようにされる。

その際、つとめに立てられている牧師や長老には守るべき規範がある。たとえば説教者であれば説教において従うべき規範は、聖書であり、教会の信仰告白、教理的規範である。牧師が権威をもつのは、牧師自身がその規範に従っている限りにおいてである。規範を守らず、聖書のみことばの権威に服していないことが明らかであるような説教者に、会衆は聞き従うことを要求されない。長老についてもまったく同じである。会衆が牧師や長老の権威に服従する条件として、まず、務めに立てられている牧師や長老が、かれらを務めに召しておられる主の権威に服従していることが求められる。これは教会においては自明のことであろう。教会は大牧者であるキリストの声には聞き従うが、牧師、長老と自称してはいても、見知らぬ者の声にはついて行かないで逃げ去ると言われているとおりだからである。

ここには近代国家における constitutionalism、立憲主義の考え方の源泉をみることができるであろう。政治的統治においても同様のことが言われうるからである。天地における一切の権威を授けられたキリストが世界を支配される。その支配は、そのために神が上に立てておられる権威への服従としてなされる。これが政治的統治である。神は政治的統治のために官憲につとめを与え、その官憲に従うことを求められる。それによって神が統治されるためである。そのとき、被統治者が統治者に服従するのは、神の権威と支配に服するためであるのだから、統治者である官憲が、神の戒めに反することを命じるときは、「人間に従うよりも、神に従わなければならない」（使徒五・二九）と言われているとおり、服従を拒否し、抵抗しなければならない。これは「アウクスブルク信仰告白」以来、早くから確認されてきた信仰の告白である。しかし、これを官憲に対しての服従が拒否されうる例外規定として受けとめるだけでは十分ではないかと思う。

なぜなら、霊的統治においてのみならず、政治的統治においても、統治者への服従の条件として、統治者が神から委託されたつとめを客観的に記した法的規範を守ること、それに服従することが求められるべきだと考えるからである。教会における神の霊的統治においては、このこと、すなわち神によって職務につけられている者が、自分自身、神とそのみことばの権威に服さないような場合、課せられ守るべき義務である規範からの自由を主張するような場合、そのような職務者に服従する必要はないことは自明である。では、それと同じ論理が政治的統治においても明確に認められているであろうか。自ら神とそのみことばの権威に服し、それに服従することを決意していないような官憲、それゆえ課された法に服従しようとしない官憲には、被統治者に対して服従を要求する資格があるのかということである。

このことを明確にするために、霊的統治と政治的統治の類比関係（analogy）に注目することが重要だと考える。

政治的統治とはいえ、官憲はあくまでも神によって立てられた神の僕として、神のみことばによる支配に仕えているのであって、その統治は神のみことばの権威への服従によって条件づけられている。政治的統治のために立てられている官憲自身、まず、神とそのみことばの権威に服従しなければならない。みことばの権威に服従しない官憲は、その官憲に対する服従を要求する根拠を失う。

霊的統治と政治的統治の類比関係を考察することの重要性は、そもそも、神によって職務に召され、立てられている僕たちは、その職務の遂行によって神の栄光を顕すために積極的に仕える責任があり、否、光栄があるということを知るところにあろう。

国家的統治については、それを必要悪とみなす見方が一方にあり、他方、官憲に対する服従に関しても、悪しき官憲の統治を受忍する義務が論じられてきた。たとえば十戒の第五戒において、みことばに従わない両親（この両親には、上に立てられた教師や官憲が含めて解釈される）に対しても、服従しなければならないということが語られてきた。しかし、みことばに聞き従わない両親や官憲、教師のことが語られねばならない最優先の、最も大事なことであろうか。そうであるはずがない。本来、第一に語られねばならないことは、そのような例外的事例ではなく、それゆえ、政治的統治においても、どのような場合に服従が求められないかではなく、神が望まれる正しい統治は何か、神が政治的統治を立てておられる目的が何かであろう。すなわち、神の恵みふかい支配と統治をとおして神の栄光が顕されることこそ第一義的に追い求められるべきことでなければならないはずである。

それを宗教改革の信仰告白は、官憲が十戒の第二の板だけでなく、第一の板に対しても配慮する責任を負うと告白した（「フランス信仰告白」第三十九条、「スコットランド信仰告白」第二十四条、「ベルギー信仰告白」第三十六条）。

ここで一つ確認しておきたいことがある。ヨーロッパのキリスト教国家のように、官憲が教会の肢であるような場合、かれらは教会で説教を聞くことにより（教会堂の中には官憲の座る席がある）、十戒の第二の板だけでなく、神に対する愛と服従を求める第一の板の戒めをも聞くことになるのは当然であり理解できる。しかし、日本のように官憲がキリスト者ではない場合はどうなるのか。キリスト者ではない官憲には十戒の第二の板のみが求められ、第一の板については責任がないとしなければならないのか。そう考えている人が日本のキリスト者の中には多いのではないだろうか。しかし、そうではない。なぜなら、キリスト者ではない官憲も（日本の天皇もまた！）神によって立てられている以上、神の僕である官憲は（信仰者でなくても）十戒の第一の板に対する義務を負う。

たとえば、神を神とし、神以外のものを神としてはならないという第一戒に関して言えば、官憲はこの戒めゆえに、自らを神としてはならないことを、キリスト者ではなくても知らなければならない。天皇の神格化が許されない理由はここにある。そして、キリスト者ではない官憲にこの戒めを語る務めを委ねられているのは教会にほかならない。日本の教会は明治以来この務めをどれだけ果たしてきたか、また今、果たそうとしているであろうか。

ローマの信徒への手紙一三章でパウロが上にある権威への服従を説いたとき、その権威はローマ皇帝という異教的支配者、異教的権威であった。そして、パウロが囚人となってローマに赴いたのは、その神もキリストも知らないローマの権威に対して、キリストの支配を告げる証人としてであった。

官憲がキリストも神も知らない場合でも、かれらは、神の戒めによって神に仕えることをその務めとして委託されている。たとえば、十戒の第四戒、安息日の戒めもそうである。国家は休日を定める権限をもっている。国家の支配と権威が変わると休日もそれにともなって変えられることは、明治憲法国家から、新憲法による国家に移り変わったなかで経験させられていることである。では、国家が定める休日にはいかなる理由、必然性、根拠があるのか。世俗国家はいったい何の理由があって日曜日を休日としているのだろうか。教会は天地における一切の権威を授けられたキリスト、教会の主であり、世界の主、かしらであるキリストの権威にもとづいて、安息日の戒めを語る。この御方において、神によって造られたすべての被造物、自然も含めた万物が、救いの完成である神の安息をめざしていることを教会は語る。官憲はその戒めに服従する以外に選択の道が残っているのだろうか。

かくして、十戒の第一の板によって、官憲が神を神とするとき、はじめて、十戒の第二の板が守られてゆく。すなわち、人が人とされ、人権が守られる。神が神とされることと、人が人とされることは結びついている。人権の基礎は神を認めることにある。

神の霊的統治と政治的統治は、結びついている。神が教会をとおして戒めを官憲に対して語らせるとき、政治的統治が成されてゆくからである。

霊的統治も政治的統治も神の統治である。キリストがすべての権威のかしらであって、霊的統治も政治的統治もキリストへの服従である。そのキリストのみが占めるべき支配の座に、キリストに代わって座ろうとしたのが、中世のローマ教皇であった。教皇は教会も国家も両方を統治する権限を授かったとの両剣論がそれである。近代にいたっては、世俗の国家権力がその座を占めようとした。近代国家は世俗国家の領域を超えて、教会の領域に踏み込んできた。ナチズムがそれであり、戦争中の日本において起こったこともそれである。教団合同はまさに国家支配が教会に及び、教会がその支配に屈した事例であった。そこではキリストによる教会への霊的統治が犯されたのみならず、キリストが国家に許し与えている権限を乗り越えて、教会に対しての干渉、強制がおこなわれた。

教会も国家も同じかしら、主イエス・キリストのもとにある。教会が長老制をとおしてキリストの支配に服してゆくことと、国家がキリストの支配に服してゆくこととは並行している。教会はみことばと聖霊をとおして教会を支配される主に服従するが、そのとき、官憲に対して、かれらが主の僕であることを想起させ、かれらのつとめが神の戒めに服従することであることを告げる。かくして、教会をとおし、また国家秩序をとおしてキリストの支配がなされ、神の栄光が顕されてゆく。

神の霊的統治である長老制にはそのような栄誉に満ちた務めがあるのである。

最後にその務めの遂行について一言してこの章を閉じることにしたい。この長老制による神の霊的統治に仕えつつ、日本における福音宣教と教会形成の業に取り組むことは、教会と世のかしらであるキリストの主権のもとで、その主権に服従し、それを証ししてゆくことでなければならない。そのキリストの主権に仕えることを欠いた伝道はありえない。人口の一％という絶対的少数者であるがゆえに、まず、教勢を増やし、少しでも多数になっていくことが先決で、そのためには伝道だと主張されるとき、そこでは、キリストの主権に対する告白と服従抜きの福音伝道が志向されているということはないのだろうか。教会と国家の問題、天皇制や官憲に対しての証しなどは後回しにするか、取り組まないでおこうとするとしたら、どうなるか。そのとき、たとい教会は数において増えたとしても、多数派になった教会が依然として神の戒めを官憲に対して語ろうとはしないということは起こるのであろう。それゆえ、日本の官憲も依然として神の言葉に服従しようとはしないということが起こるであろう。「ベルギー信仰告白」を著したギド・ドゥ・ブレは、その信仰告白をスペインのフィリペ二世の前に殉教の血をもって署名して提出した。ドイツの告白教会もヒトラーに対して敢然として、聞かれても聞かれなくても神の戒めを語った。教会はいつの時代もその影響や効果を問わずに、キリストの戒めを説教しなければならない。

「わたしは王たちの前であなたの戒めを告げ、決して恥じることはないでしょう。わたしはあなたの戒めを愛し、それを楽しみにします」(詩一一九・四六、四七)。

結語

「教会を霊的にたてあげるのに、教理をのぞけば、牧師たちが教会の統治のために立てられるにまさって優先されるべきことはない」（カルヴァン、テトスへの手紙註解一・五、スメイル訳からの私訳、傍点筆者）。

これまで教会の霊的統治方式としての長老制について考察してきた。長老制の特質は、キリストがみことばと御霊によって教会を治められるにあたって、そのみことばの支配が、説教に仕える牧師と訓戒にあたる長老の共働関係によって担われ、その二つの長老職のつとめを通じて遂行されることであるのをみてきた。また、主が教会の全領域に対し御自身の意思を抱き、その実現の一つとして執事のつとめと奉仕の業が与えられることも、長老制にとって大切な点である。

けれども、最後にカルヴァンがテトスへの手紙の註解で、「教理をのぞけば」、教会の霊的統治のために、つとめが立てられるにまさって優先されるべきことはないと語っていることを確認したい。

カルヴァンはエフェソの信徒への手紙註解で、みことばのつとめである使徒や牧師・教師を教会に与えたもうたのは主であると述べたが、主によって与えられたそれらのつとめにあたる者たちが、語るべき内容をも主から「与えられ」たというのが、カルヴァンの暗に言いたいことであったに違いない。

預言者や使徒は、「職務に召された時、同時に己れ自身からの発想を述べず、主の御口から出た言葉を語ることが課された」（『綱要』Ⅳ・8・2）とカルヴァンは言う。そして、その内容は、教会の基礎である使徒と預言者の教理（エフェソ二・二〇）であり、すべての信仰者の間で一致しているべきキリスト教の箇条である（『綱要』Ⅳ・2・1）。

長老制は教会の体、その秩序に関わる。体にとって筋肉や器官は大切である。しかし、それらにまさって大切なものはその魂である。長老制は教会が霊的にたてあげられることをめざすが、教会の霊的建設にとって優先順位において先行するものとして、カルヴァンが教理をあげたことを肝に銘じよう。

カルヴァンは教理というとき、「天上の教理」という表現をしばしば用いる。「天上の教理」における一致、「救いの真理」における教会の一致、牧師間の一致、教会間の一致があってはじめて、長老制は機能する。

日本キリスト教会をはじめ、改革派・長老教会の伝統に立つ教会が長老制の実現をとおして、日本のキリスト教全体に貢献しようと願うなら、同時にその信仰告白において、「天上の教理」にしっかりと立つことが不可欠である。

註

序言

石原謙『日本キリスト教史論』「石原謙著作集」第十巻、岩波書店、一九七九年。特に「会派問題」に関する部分、二六〇―二六八頁と二八四―二九〇頁。

出村彰『スイス宗教改革史研究』日本基督教団出版局、一九七一年。

〈日本における長老制の歴史について〉

五十嵐喜和『日本基督教会史の諸問題』改革社、一九八三年所収の、「日本基督公会論――諸

規則を中心にして」「日本基督教会の長老政治」「日本基督教会における『教会と国家』――一八七二年～一九四一年の諸問題」は貴重な論文である。

第一章

〈邦語文献〉

カルヴァン、渡辺信夫訳『キリスト教綱要』（改訳版）第四篇第一章―十二章、新教出版社、二〇〇九年。

渡辺信夫『長老制の歴史』改革社、一九七六年。

〈その他の文献〉

W. van't Spijker, Het presbyteriale-synodale stelsel, De Kerk, p. 326. Uitgeverij De Groot Goudriaan, Kampen, 1990.

Philip Schaff, *Creeds of Christendom*, vol 3, reprint by Baker Book House, 1977.

Bekenntnisschriften und Kirchenordnungen der nach Gottes Wort reformierten Kirche, ed. Wilhelm Niesel, Chr. Kaiser Verlag/ München, 1938.

第二章

〈邦語文献〉

カルヴァン『キリスト教綱要』前掲書。

カルヴァン、森井眞訳『新約聖書註解X　ガラテヤ・エペソ書』カルヴァン著作刊行会（新教出版社）、一九六二年。その他、カルヴァン著作刊行会から出版されている新約聖書註解シリーズ。ただし、筆者はこの論文脱稿間際に「ガラテヤ・エペソ書」の森井訳を手にしたため、十分それを参考にすることができなかったことをおことわりする。

〈その他の文献〉

Calvins' New Testament Commentaries, ed. by D. W. Torrance・T. F. Torrance, Eerdmans, Grand Rapids, vol. 7, 8, 9, 10, 11.

J. Koopmans, De Nederlandsche Geloofs belijdenis, Uitgeversmaatschappij Holland, Amsterdam, 1939.

A. D. R. Polman, Onze Nederlandsche Geloofs Belijdenis, T. Wever, Franeker, vol 4.

A. J. Bronkhorst, Schrift en Kerkorde, in Inleiding tot de studie van het Kerkrecht, (red.) W. van't Spijker, L. C. van Drimmelen, Uitgeversmaatschappij J. H. Kok, Kampen.

W. van't Spijker, ibid.

A. Ganoczy, Ecclesia Ministrans, Herder, Freiburg・Basel・Wien, 1968.

第三章

〈邦語文献〉

カルヴァン『キリスト教綱要』前掲書。

笹川紀勝「教師のつとめと職務の関係――教会法試論」北星学園大学経済学部北星論集、第二十一号、一九八三年。

〈その他の文献〉
J. Plomp, Beginselen van reformatorisch Kerkrecht, Kamper Cahier No. 4 Kok. Kampen,1967.
O. Noordmans, Kerkelijke Denken Voorwaarde voor Kerkorde, G. F. Callenbach N. V., Nijkerk.
H. de Moor, *Equipping the Saints*, Theologische Academie Uitgaande van de Johannes Calvijn-St-ichting, Kampen, 1986.
Polman, ibid.
Koopmans, ibid.

第四章
〈邦語文献〉

カルヴァン『キリスト教綱要』前掲書。

渡辺信夫「カルヴァンの会議思想」『カルヴァンの教会論〈増補改訂版〉』一麦出版社、二〇〇九年、二一六―二三七頁。

〈その他の文献〉
W. van't Spijker, Episcopalisme, in De Kerk. Uitgeverij de Groot Goudriaan-Kampen, 1990.
Noordmans, ibid.
Polman, ibid.

第五章
〈邦語文献〉

カルヴァン『キリスト教綱要』前掲書。

教会と国家の分離のたたかいについては、出村彰『スイス宗教改革史研究』前掲書。

トマス・ブラウン、松谷好明訳『スコットランドにおける教会と国家』すぐ書房、一九八五年。

一九九一年九月三十日―十月二日、台湾新竹で開催された、アジア・カルヴァン学会での松谷牧師の発表からも筆者は多くの示唆をうけた。

〈その他の文献〉

W. van't Spijker, Erastianism, in Inleiding tot de studie van het Kerkrecht, Kok, Kampen.

W. van't Spijker, Presbyteriale-synodale stelsel, ibid.

あとがき

「長老制とは何か」を論じた大森講座が開かれたのは一九九一年のことであった。それから、はや三十年近くが経とうとしている。

最初の版は売り切れてしまい、「品切れ」の状態が続いていたのを、このたび一麦出版社の西村勝佳氏の熱意ある御厚意によって、大森教会に働きかけてくださり、ここに増補改訂版が出版されるにいたったことは、望外の喜びである。

西村氏と増補改訂版の出版を快諾してくださった大森教会、佐藤泰将牧師に感謝を申し上げたい。

「長老制」そのものを取り上げて論じる類書がなかったためか、この小著が読者に想像しなかったほどの好感をもって受け入れられ、それぱかりか、こうして増補改訂版の出版にいたったことは感謝である。増補改訂版の出版にあたり、もっと重厚な内容をもったかたちで増補版を出版できなかったことについては、慚愧の思いもあるが、全面的に書き換えないことには、それは無理であった。この書は、貧しい、限界のある書として、そのまま提出させていただくほかはないと判断して、補章を一章付け加えたかたちで、増補版とさせていただいた。

増補改訂版の出版までの三十年間に多くの変化があった。

最初に感謝をもって記したいことは、このたびの改訂版の出版にあたってカルヴァンの『キリスト教綱要』からの引用を、渡辺信夫先生の綱要の新訳からの引用に変えさせていただけたことである。この小著を著すにあたって、最も多く学恩を負っているのは渡辺信夫先生である。九十五歳を数えようとする今なお、学問の情熱を失わず、主と教会に仕える先生の姿勢から受けた教えと励ましは筆舌に尽くせない。それほどに大きく、豊かであることをここに記して感謝を表させていただきたいと思う。

大森講座で長老制を論じたあと、その学びを教会において実際に生かす場と機会が与えられたことはわたしにとって大きな感謝であった。日本キリスト教会が一九九五年にその憲法・規則を改正したとき、「信仰と制度に関する委員」の一人として仕える中で、多くのことを新しく学ばせていただいた。

また近年、日本キリスト教会神学校で、憲法・規則を講じるようになったことも、「長老制とは何か」に取り組んだ延長線上のことと受け止めている。

大森講座で長老制について取り組んでから間もなく、アメリカのカルヴィン神学校に留学する機会があった。そこで教会規則を担当されるヘンリー・デ・ムーア教授は最近退官されたが、退官を前に、北米キリスト改革派教会規則のコンメンタリーを公刊された。規則本文の解説にとどまらず、それが教会生活の実際において取り上げられたケースを紹介する非常に優れた書物である。いつの日か恩師にならって「日本キリスト教会憲法・規則講解」を出版することがわたしの目下の目標である。

この小著が最初に出版されてから三十年近く経って改訂版が出版されるに際し、この小著にまつわってわたくしがお世話になり、導いていただいた多くの先生、ある方々は天に召され、ある方々は施設におられるが、それらの方々への感謝は、わたし自身が、それらの方々の信仰とその生涯の最後に見倣って、信仰の馳せ場を走り抜くことによって表すほかないと思っている。

その意味で、補章に書き記した内容は、三十年近くたった今のわたしの思いの結露である。主に許し与えられる日々、全力を傾けて、若き日に「長老制とは何か」に書き記した言葉に誠実に生きて、主と教会に仕え抜きたいと願う。

二〇一八年四月　復活節

澤　正幸

本著作は、一九九二年、大森教会より大森講座Ⅶ（新教出版）として刊行された『長老制とは何か』を改訂、増補したものです。

長老制とは何か〈増補改訂版〉

発行日……二〇一八年五月二十八日　第一版第一刷発行
定価……［本体一、二〇〇＋消費税］円
著者……澤　正幸
発行者……西村勝佳
発行所……株式会社一麦出版社
札幌市南区北ノ沢三丁目四─一〇　〒〇〇五─〇八三二
郵便振替〇二七五〇─三─二七八〇九
電話（〇一一）五七八─五八八八　ＦＡＸ（〇一一）五七八─四八八八
URL http://www.ichibaku.co.jp/
携帯サイト http://mobile.ichibaku.co.jp/
印刷……株式会社総北海
製本……石田製本株式会社
装釘……鹿島直也

ISBN978-4-86325-110-6 C0016